Alphabet Handwriting Practice workbook for kids for 5-8 year olds

Flamingo
flamingo

belongs to:
_____

Copyright © 2021 BOUI HRROUTN

All rights reserved to the publisher.
No part of this book may be published,
Copied used or republished in any medium,
For personal use only, commercial use is not allowed.

Balance of wildlife in the forest

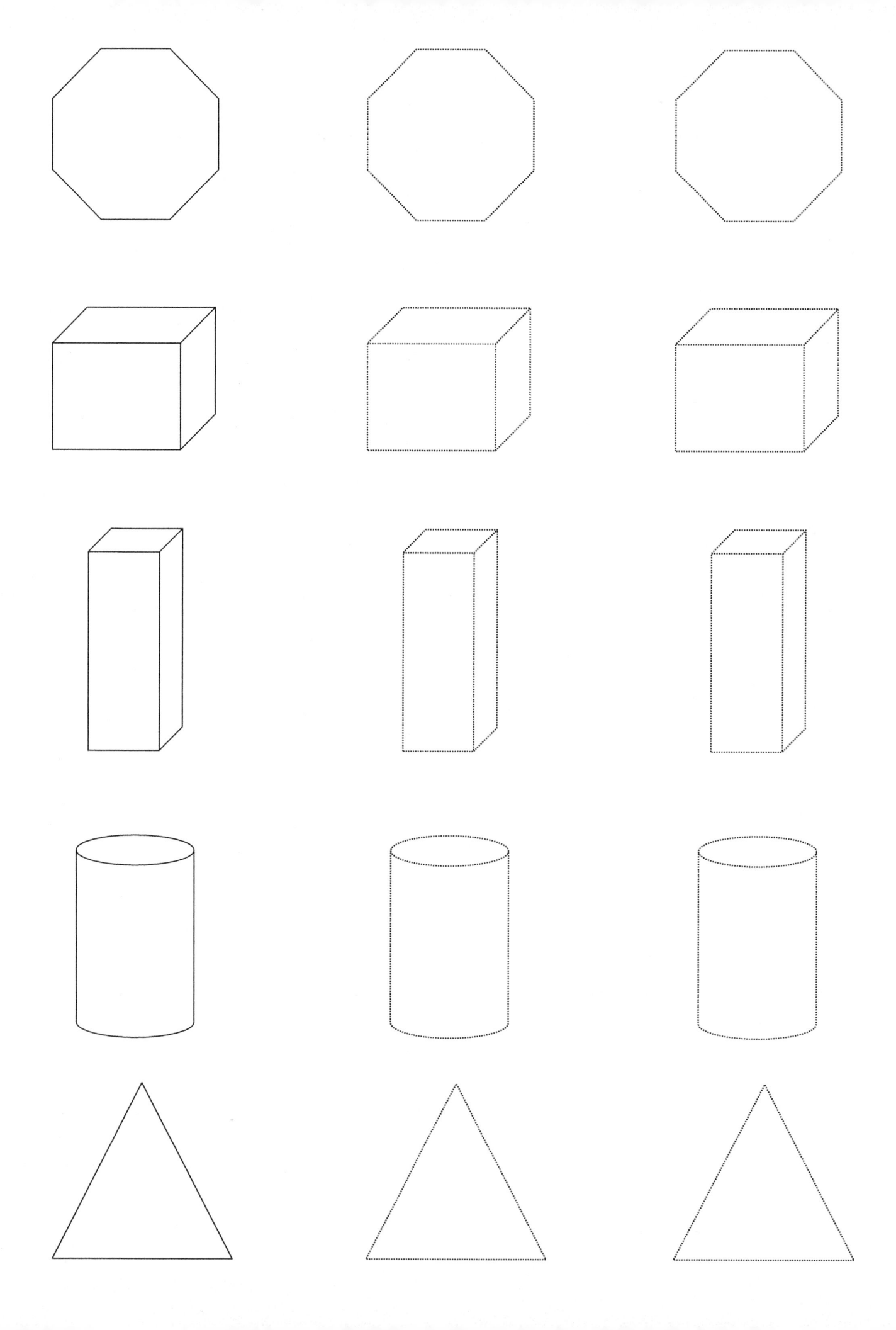

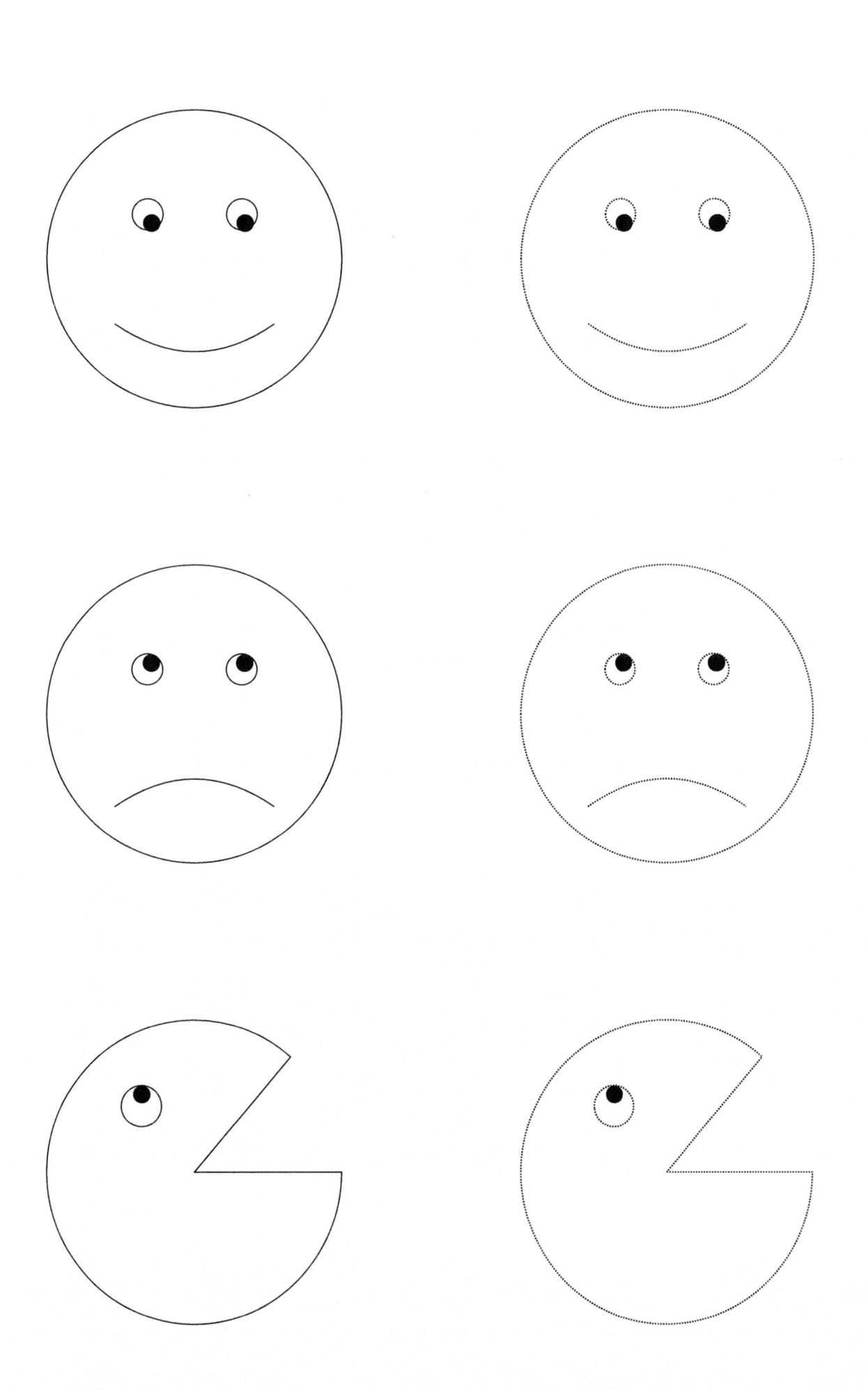

Ant
ant

9/10

Ant
ant

a a a a a a

a a a a a a

Ant   Ant   Ant

Ant   Ant   Ant

Ant   Ant   Ant

Ant   Ant   Ant

A A A A A A

a

Ant Ant Ant

Bear
bear

B B B B B B

B B B B B B

B B B B B B

B B B B B B

b b b b b b

b b b b b b

Bear
bear

b b b b b b

b b b b b b

Bear Bear Bear

Bear Bear Bear

Bear Bear Bear

Bear Bear Bear

B B B B B B

b b b b b b

Bear   Bear   Bear

Cow
cow

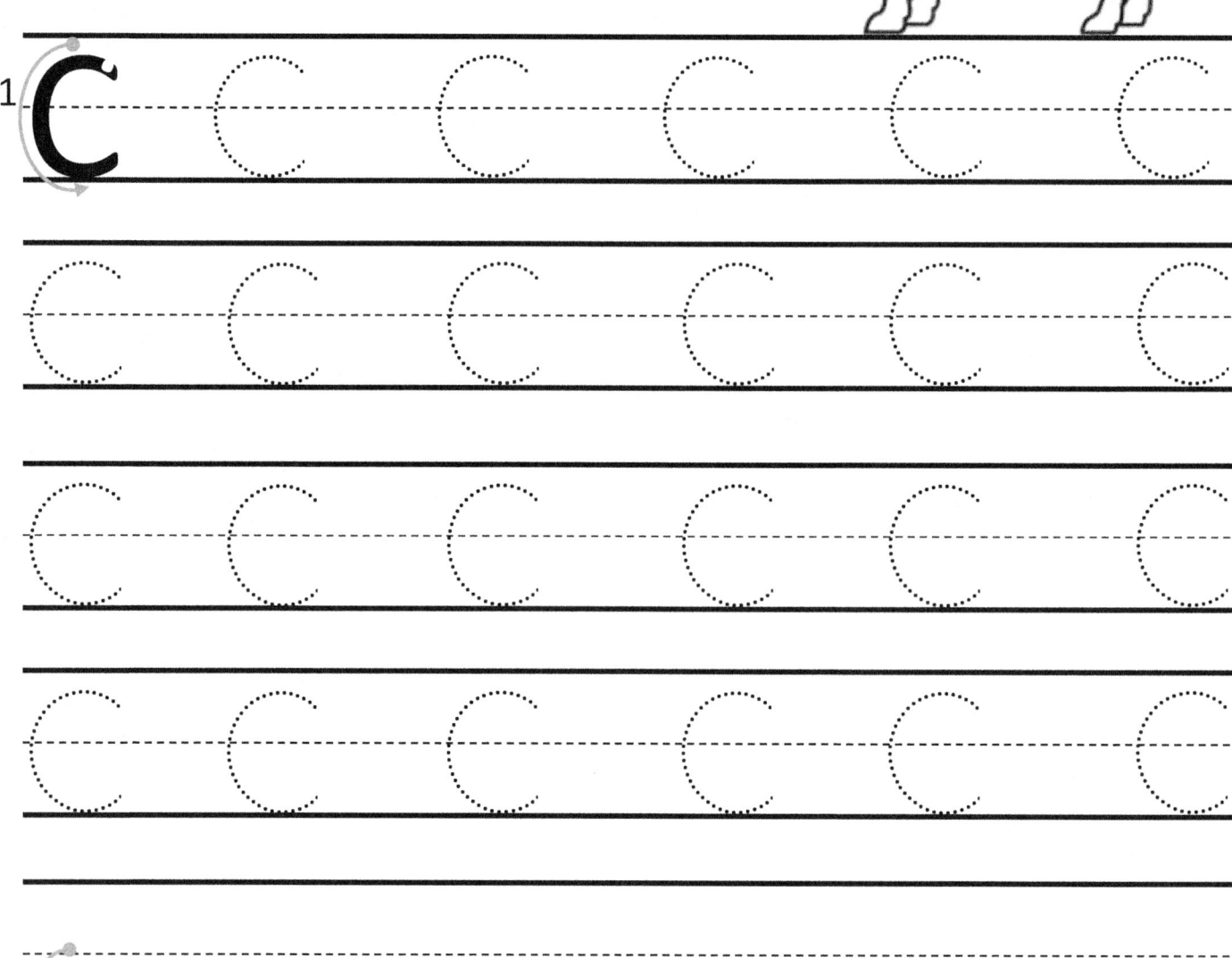

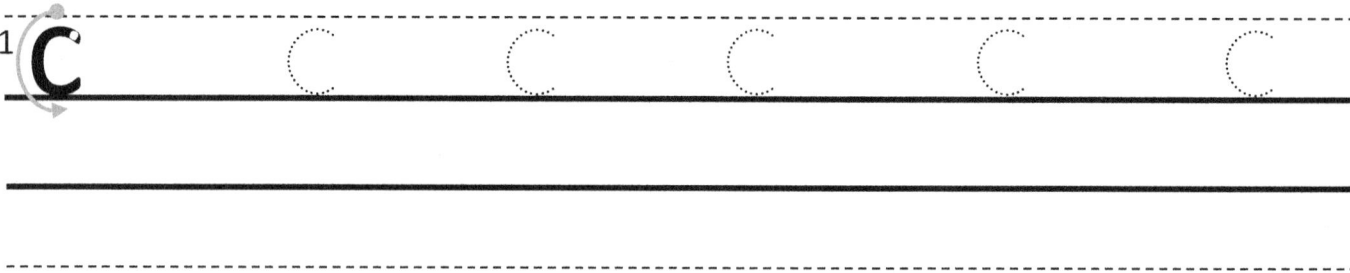

C C C C C C C

C C C C C C C

C C C C C C C

C C C C C C C

c c c c c c c

c c c c c c c

Cow
cow

c c c c c c

c c c c c c

Cow Cow Cow

Cow Cow Cow

Cow Cow Cow

Cow Cow Cow

C C C C C C

C C C C C C

Cow   Cow   Cow

Dog
dog

Dog
dog

d d d d d d

d d d d d d

Dog Dog Dog

Dog Dog Dog

Dog Dog Dog

Dog Dog Dog

D D D D D D

d d d d d d

Dog   Dog   Dog

Elephant
elephant

Elephant
elephant

e e e e e e

e e e e e e

Elephant Elephant

Elephant Elephant

Elephant Elephant

Elephant Elephant

E E E E E E

e

Elephant   Elephant

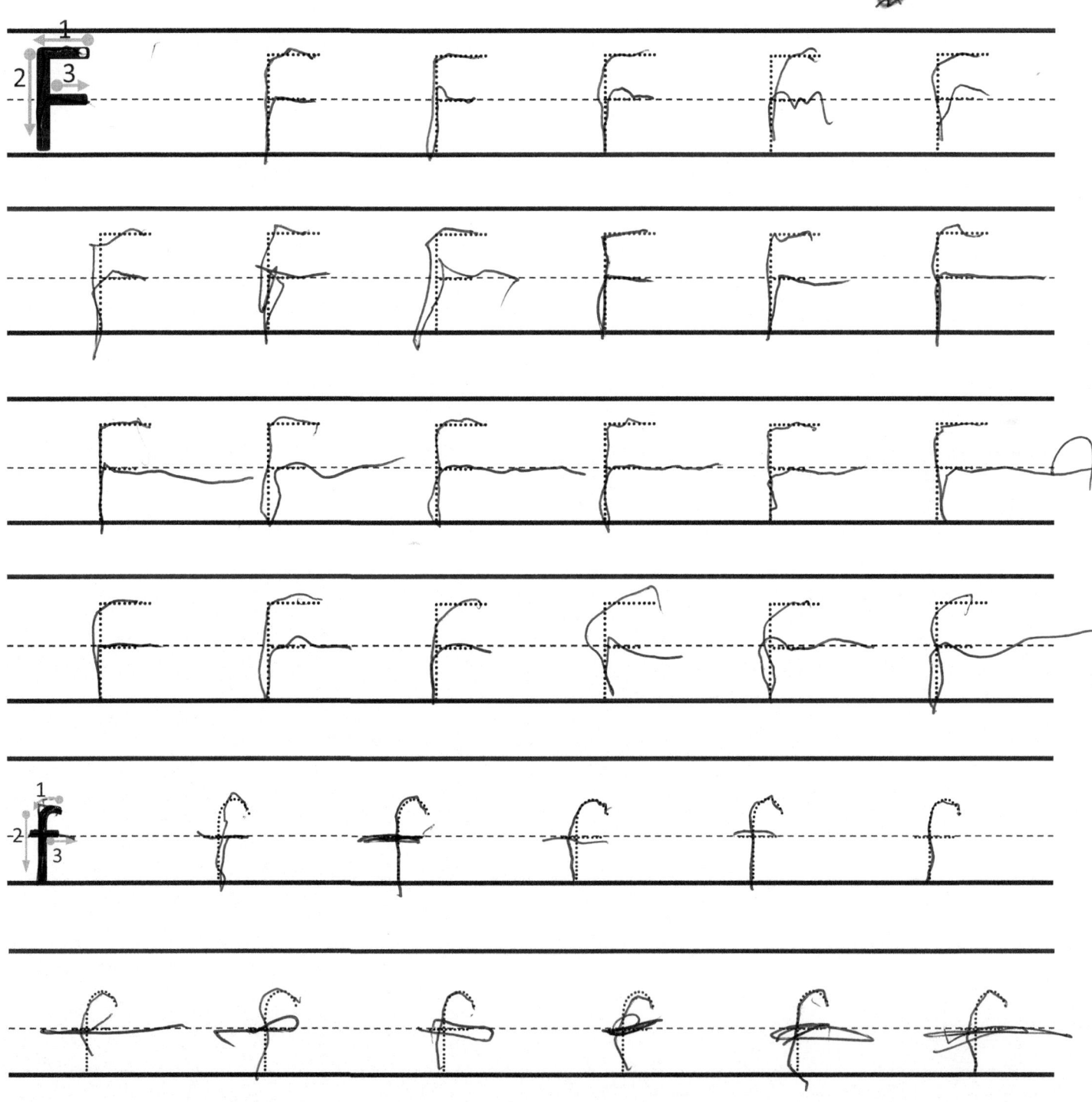

Flamingo
flamingo

Flamingo
flamingo

f f f f f f

f f f f f f

Flamingo Flamingo

Flamingo Flamingo

Flamingo Flamingo

Flamingo Flamingo

F F F F F F

f f f f f f

Flamingo Flamingo

Giraffe
giraffe

Giraffe
giraffe

g g g g g g

g g g g g g

Giraffe Giraffe

Giraffe Giraffe

Giraffe Giraffe

Giraffe Giraffe

G G G G G G

g　g　g　g　g　g

Giraffe   Giraffe

Horse
horse

Horse
horse

h h h h h h

h h h h h h

Horse Horse Horse

Horse Horse Horse

Horse Horse Horse

Horse Horse Horse

h h h h h h

Horse Horse Horse

Iguana
iguana

Iguana

iguana

i i i i i i

i i i i i i

Iguana Iguana

iguana iguana

iguana iguana

iguana iguana

1

i

Iguana   Iguana

Jaguar
jaguar

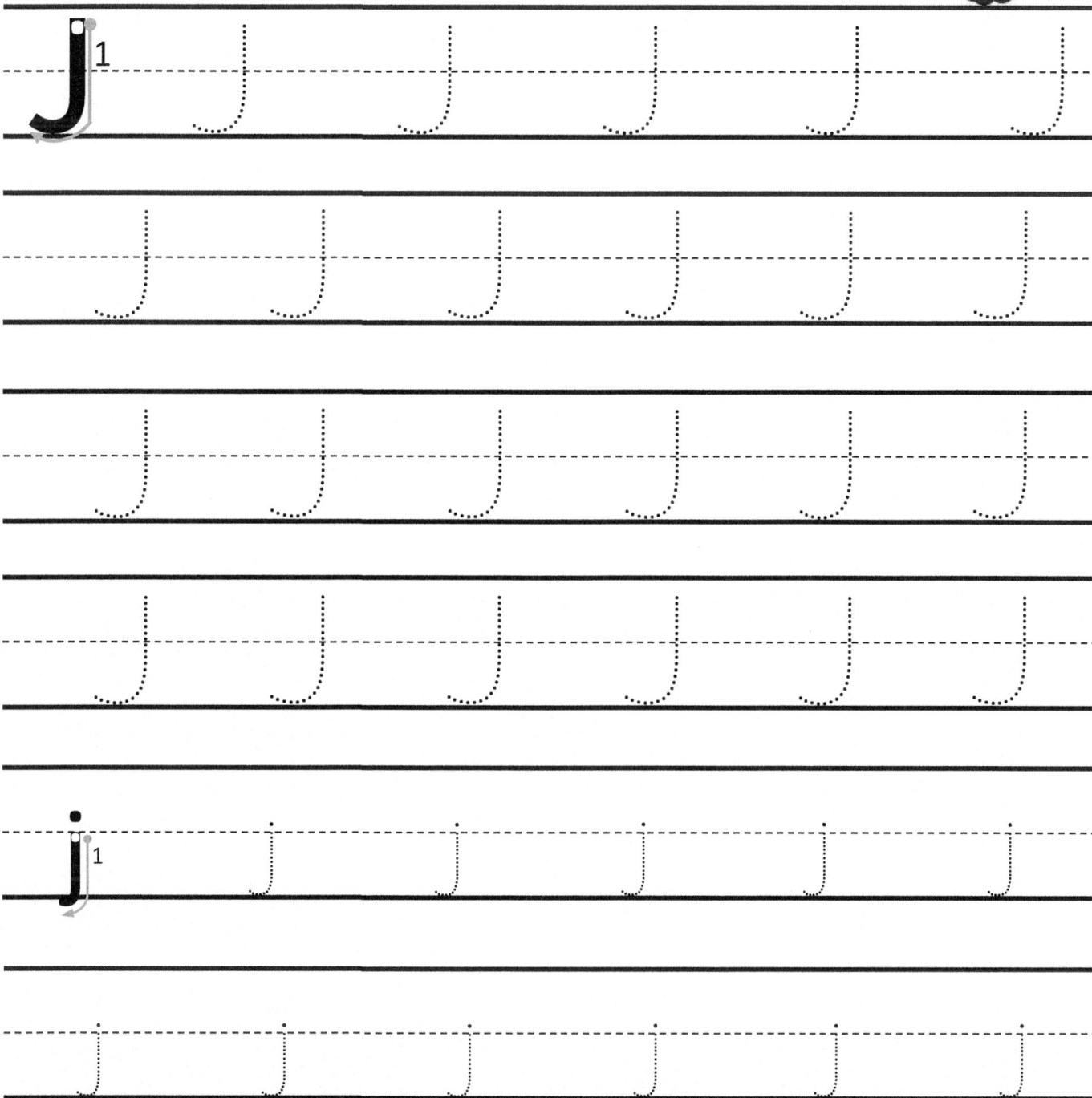

J

j

Jaguar
jaguar

j j j j j j

j j j j j j

Jaguar Jaguar

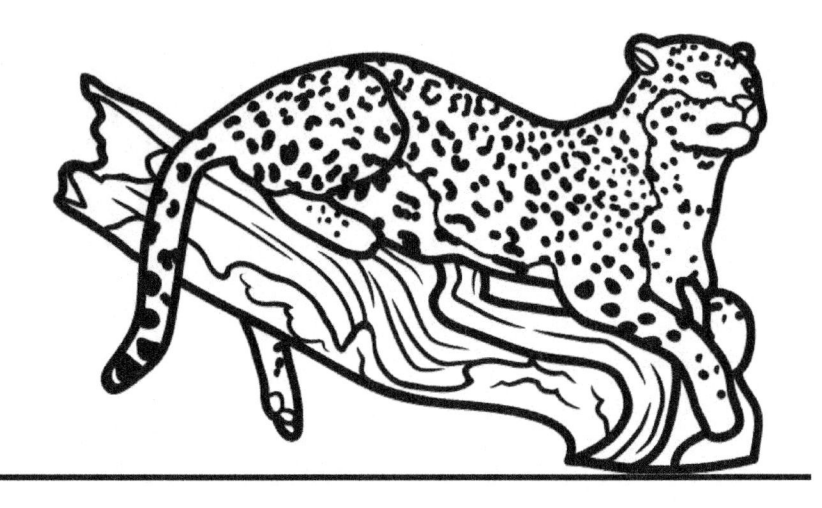

Jaguar   Jaguar

Jaguar   Jaguar

Jaguar   Jaguar

J

j   j   j   j   j   j

Jaguar   Jaguar

Kangaroo
kangaroo

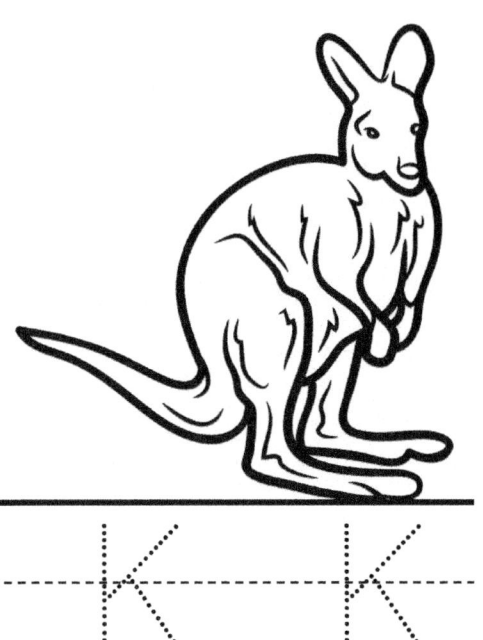

Kangaroo
kangaroo

k k k k k k

k k k k k k

Kangaroo Kangaroo

Kangaroo Kangaroo

Kangaroo Kangaroo

Kangaroo Kangaroo

K K K K K K

k k k k k k

Kangaroo Kangaroo

Lion
lion

Lion
lion

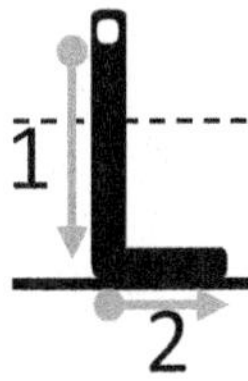
1
2

1

Lion   Lion   Lion

Mouse
mouse

Mouse
mouse

m m m m m m

m m m m m m

Mouse   Mouse

Mouse   Mouse

Mouse   Mouse

Mouse   Mouse

M M M M M M

m m m m m m

Mouse   Mouse

Newt
newt

Newt
newt

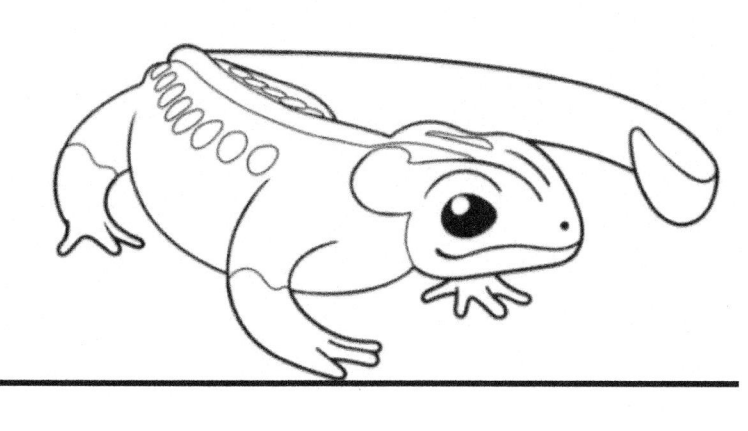

n n n n n n

n n n n n n

Newt Newt Newt

Newt Newt Newt

Newt Newt Newt

Newt Newt Newt

N N N N N N

n   n   n   n   n   n

Newt   Newt   Newt

Ostrich
ostrich

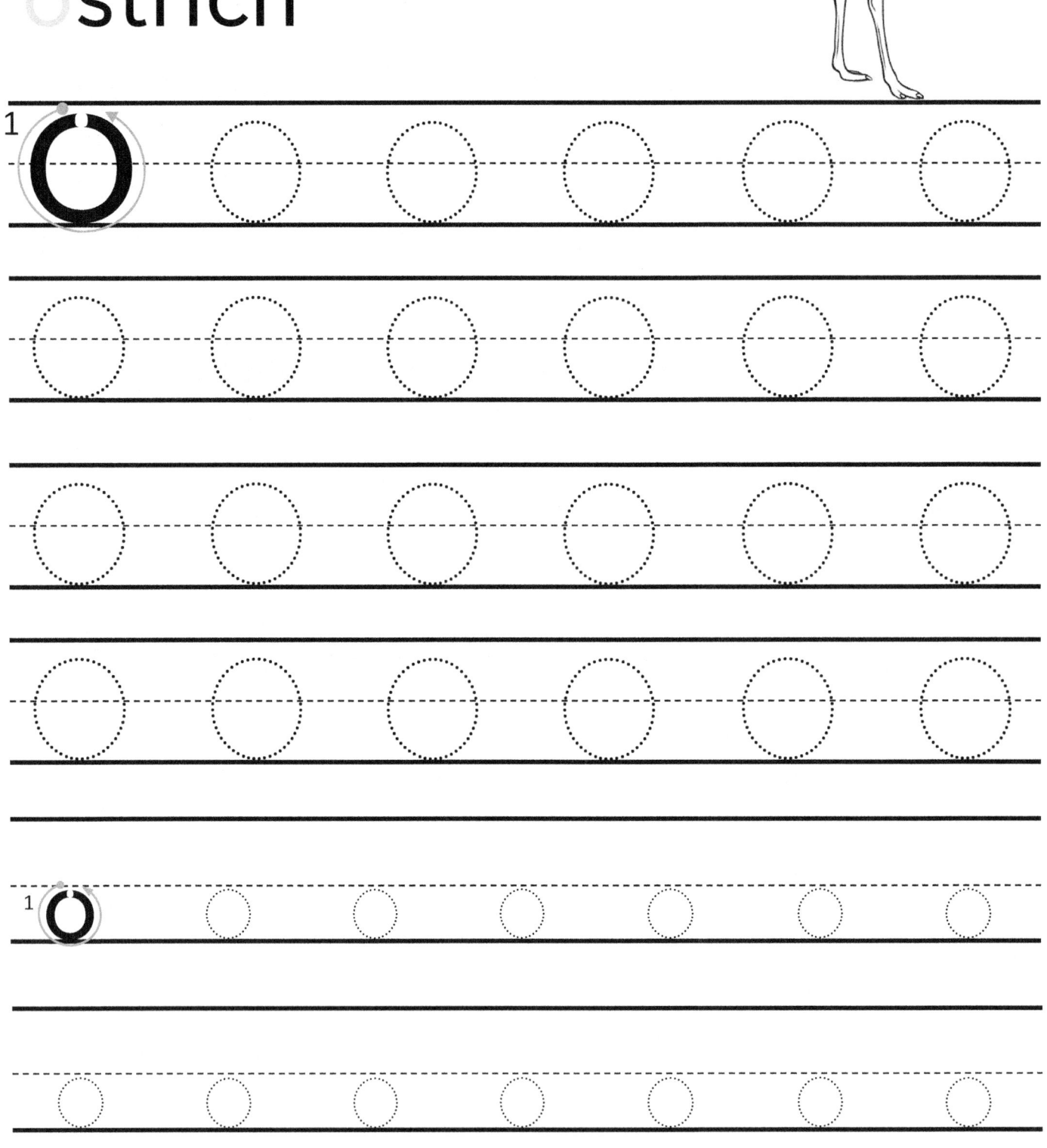

Ostrich
ostrich

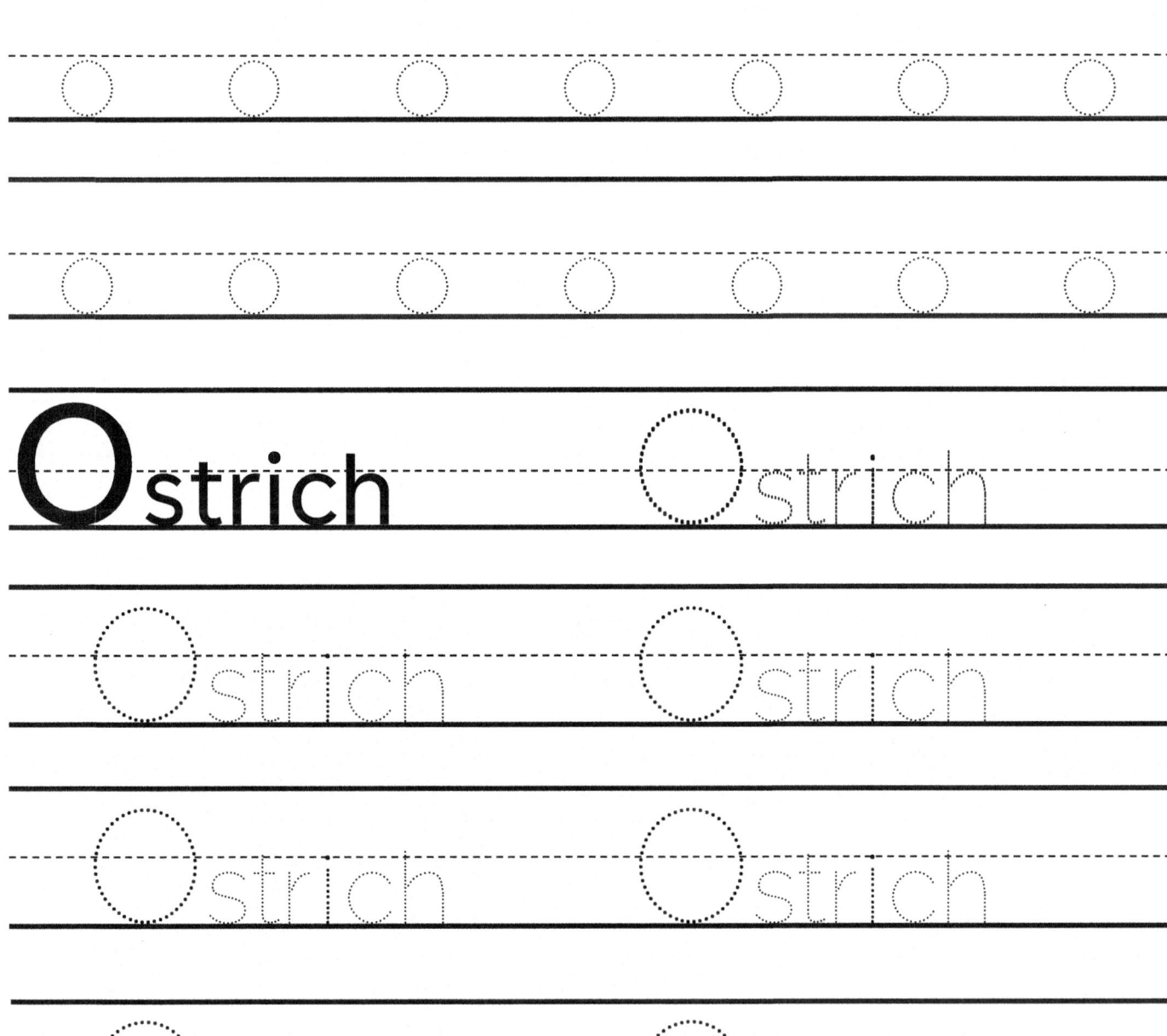

Ostrich Ostrich

Ostrich Ostrich

Ostrich Ostrich

Ostrich Ostrich

O

O

Ostrich Ostrich

Pig
pig

P P P P P P P

P P P P P P

P P P P P P

P P P P P P

p p p p p p p

p p p p p p

Pig
pig

p p p p p p

p p p p p p

Pig   Pig   Pig

Pig   Pig   Pig

Pig   Pig   Pig

Pig   Pig   Pig

P P P P P P

p p p p p p

Pig   Pig   Pig

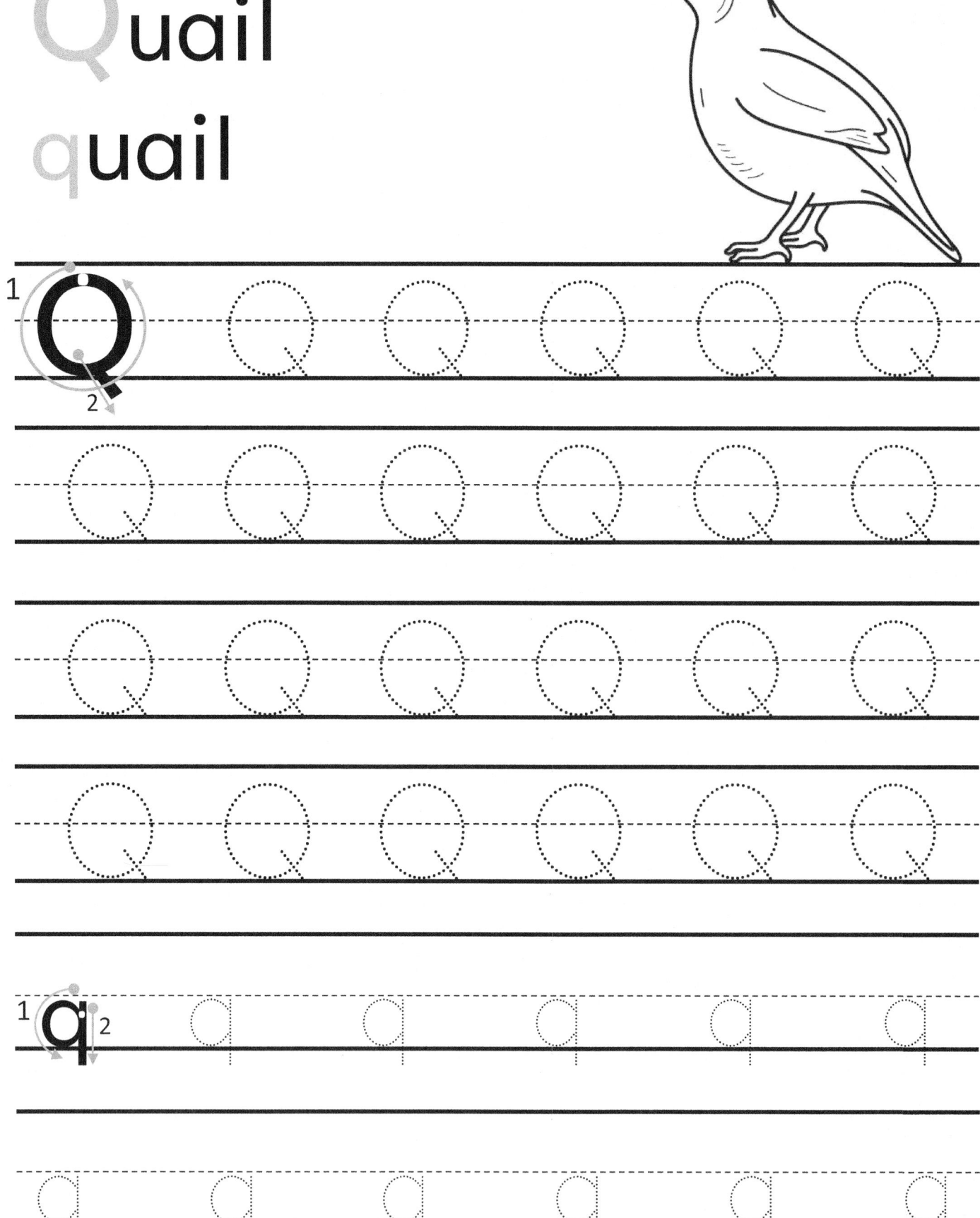

Quail
quail

Quail
quail

q q q q q q

q q q q q q

Quail Quail Quail

Quail Quail Quail

Quail Quail Quail

Quail Quail Quail

Q

q a a a a a

Quail Quail Quail

Rabbit
rabbit

R R R R R R

R R R R R R

R R R R R R

R R R R R R

r r r r r r

r r r r r r

Rabbit
rabbit

r r r r r r

r r r r r r

Rabbit　Rabbit

Rabbit　Rabbit

Rabbit　Rabbit

Rabbit　Rabbit

R R R R R R

r r r r r r

Rabbit Rabbit

Snake
snake

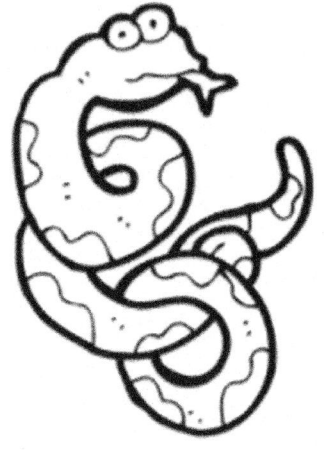

S S S S S S S

S S S S S S S

S S S S S S S

S S S S S S S

s s s s s s s

s s s s s s s

Snake
snake

s s s s s s

s s s s s s

Snake   Snake

Snake   Snake

Snake   Snake

Snake   Snake

S S S S S S

S s s s s s

Snake   Snake

Turtle
turtle

Turtle
turtle

t t t t t t

t t t t t t

Turtle Turtle Turtle
Turtle Turtle Turtle
Turtle Turtle Turtle
Turtle Turtle Turtle

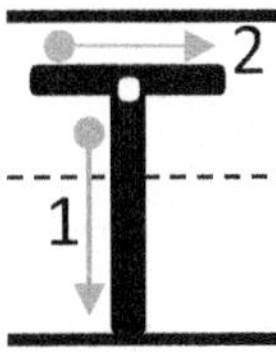

T T T T T

t

Turtle Turtle Turtle

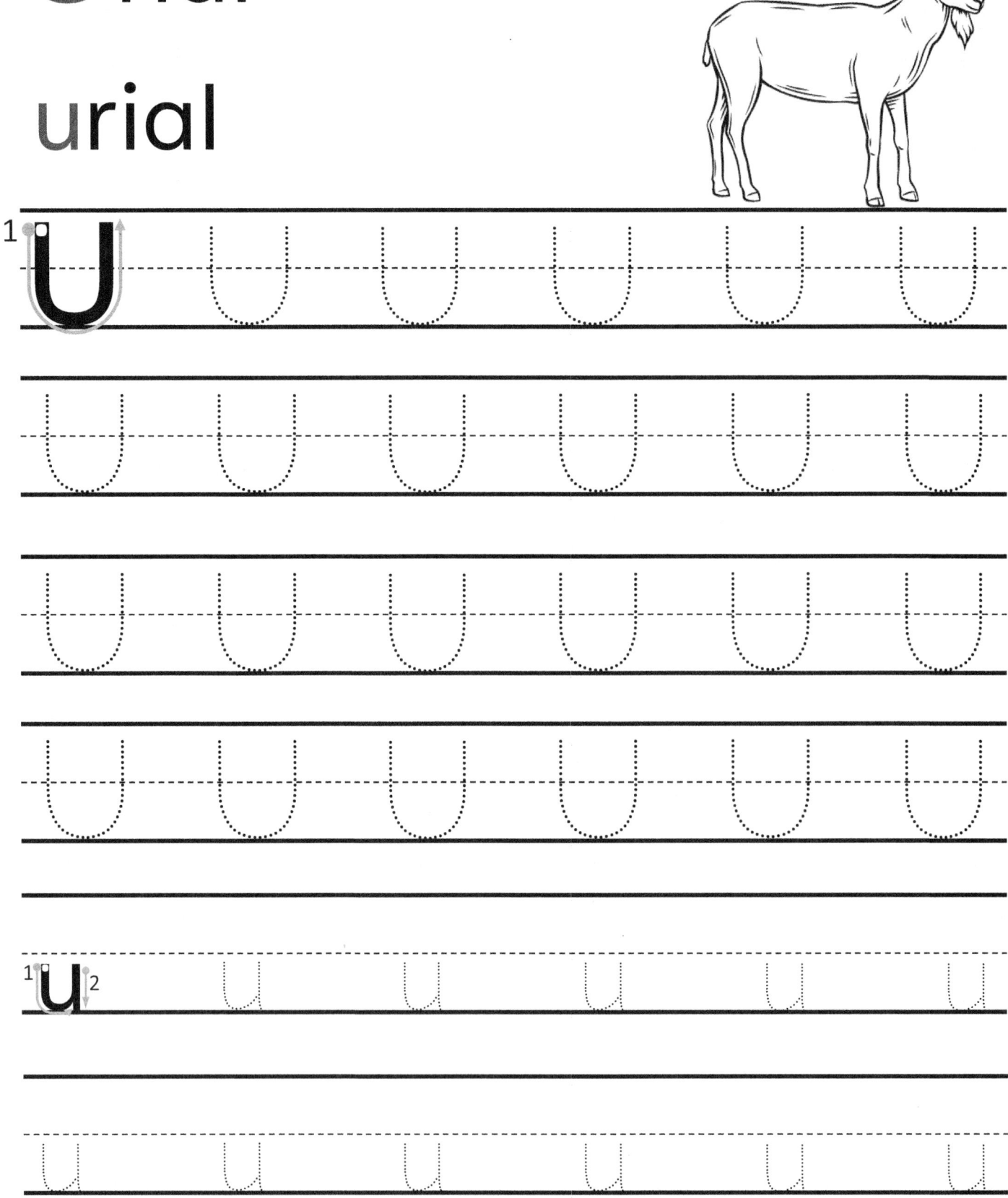

Urial
urial

Urial
urial

U U U U U U

u u u u u u

Urial Urial Urial

Vulture
vulture

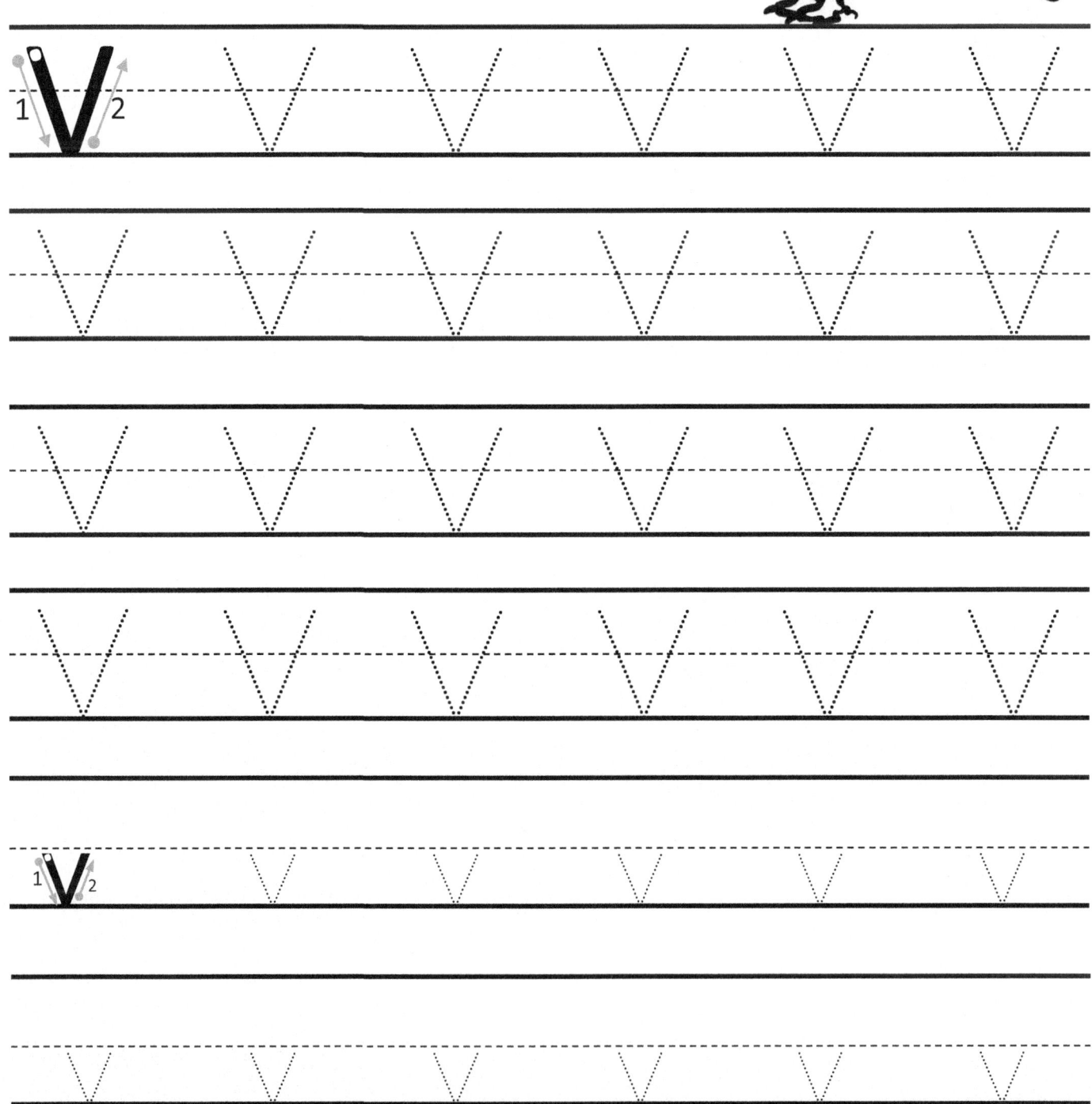

Vulture

vulture

v v v v v v

v v v v v v

Vulture   Vulture

Vulture   Vulture

Vulture   Vulture

Vulture   Vulture

V V V V V V

V v v v v v

Vulture   Vulture

Wolf
wolf

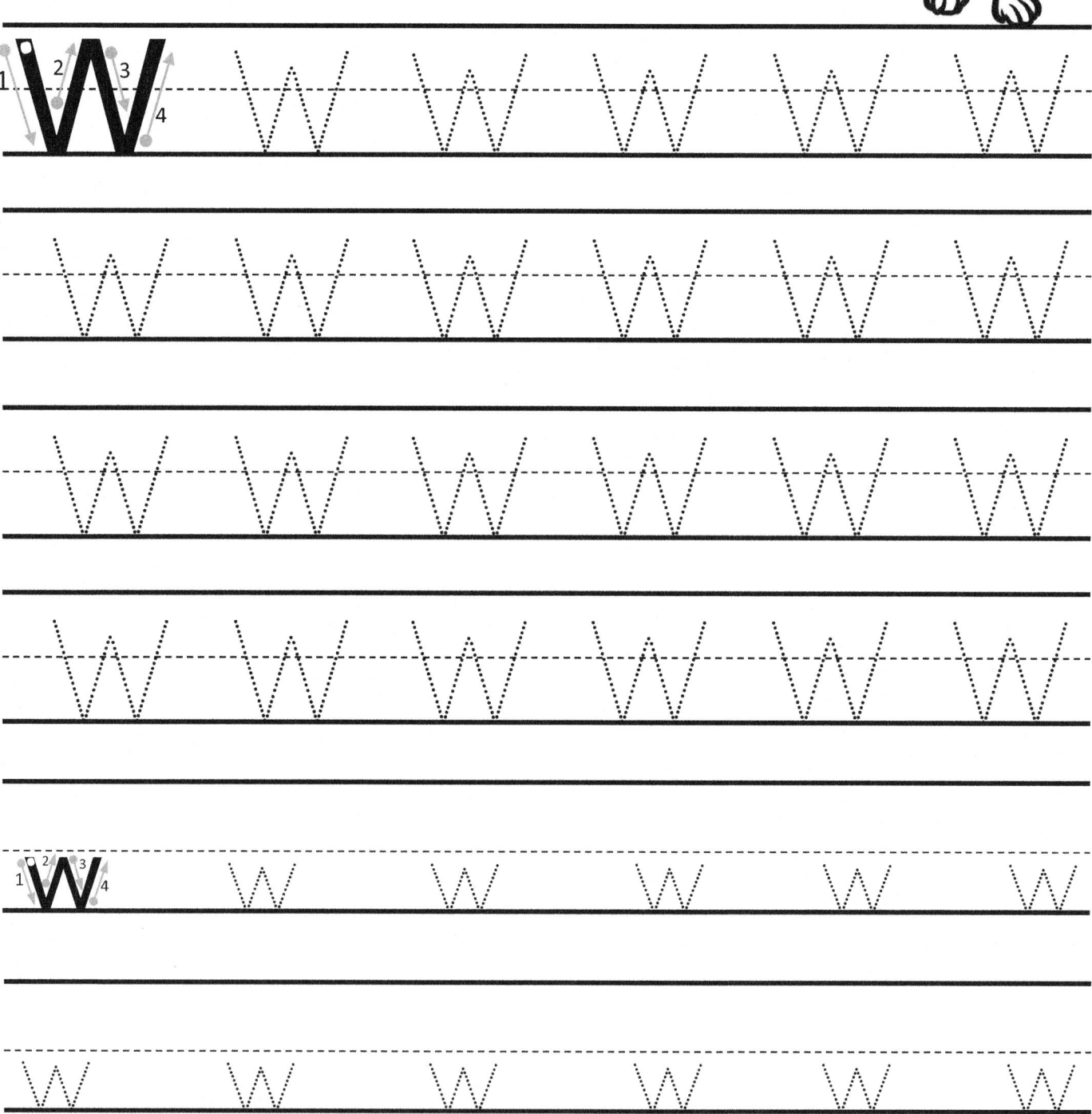

Wolf
wolf

w w w w w w

w w w w w w

Wolf Wolf Wolf

Wolf Wolf Wolf

Wolf Wolf Wolf

Wolf Wolf Wolf

W W W W W W

W w w w w w

Wolf Wolf Wolf

Xerus

xerus

Xerus

xerus

x x x x x x

x x x x x x

Xerus Xerus Xerus

Xerus Xerus Xerus

Xerus Xerus Xerus

Xerus Xerus Xerus

X X X X X X

X x x x x x

Xerus Xerus Xerus

Yak
yak

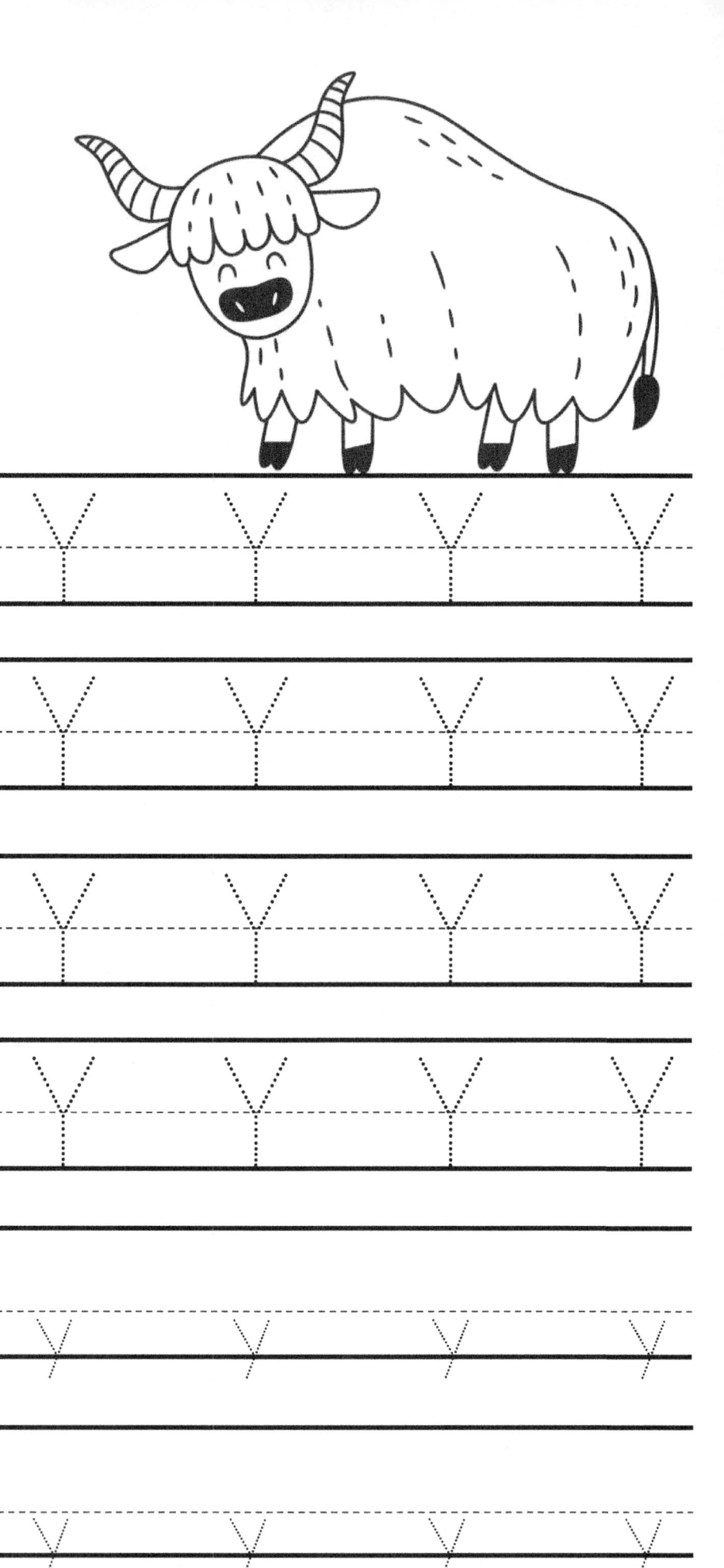

Yak
yak

y   y   y   y   y   y

y   y   y   y   y   y

Yak   Yak   Yak

Yak   Yak   Yak

Yak   Yak   Yak

Yak   Yak   Yak

Y Y Y Y Y Y

y y y y y y

Yak   Yak   Yak

Zebra
zebra

Zebra
zebra

Zebra

Z Z Z Z Z Z

Z

Zebra   Zebra

Printed in Great Britain
by Amazon